N. DIAZ

NOTICE

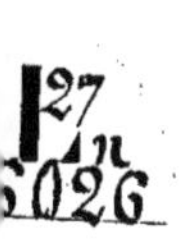

N. DIAZ

Au moment de livrer aux enchères tout ce qui composait l'atelier de notre cher et regretté Diaz, ses études qu'il nous montrait avec tant de joie et de bonheur, les tableaux et dessins de ses amis et ceux des vieux maîtres qu'il affectionnait le plus, ces objets d'art pour lesquels il avait une si grande passion, il nous a semblé qu'on nous saurait gré de reproduire, dans un court résumé, les opinions, les jugements de nos critiques les plus autorisés, opinions et jugements formulés aux différentes époques de cette carrière d'artiste si bien remplie.

Nous avons donc emprunté à Th. Silvestre sa biographie; à Thoré, à Th. Gautier, à MM. Ed. About et J. Claretie leurs appréciations sur les œuvres exposées aux divers Salons, ou sur l'œuvre générale du peintre; puis à MM. Albert Wolff, Émile Bergerat, E. Véron, Ph. Burty, E. Gonzalès, Privat, leurs adieux à l'artiste que nous venons de perdre.

Pour l'intelligence des notes qui vont suivre, nous les avons fait précéder du relevé des œuvres exposées par Diaz aux divers Salons.

SALONS DE 1831 A 1850.

Année 1831. — *Esquisses de paysages.* — *Scène d'amour.*

Année 1834. — *Sujet tiré du Moine de Lewis.* — *Turcs.* — *Un Turc.* — *Vue prise aux environs de Saragosse.* — *Archers poursuivant de mauvais garçons.*

Année 1835. — *Bataille de Médina.* — *Baigneuses espagnoles sur le bord d'une rivière.* — *Parc du château de Stirling (Écosse).*

Année 1836. — *L'Adoration des Bergers.*

Année 1837. — *Paysage, soleil couchant.* — *Un moulin.* — *Gorges d'Apremont.*

Année 1838. — *Le vieux Ben Emeck, retiré dans une riche campagne, raconte ses aventures de pirate à ses femmes.*

Année 1840. — *Les Nymphes de Calypso.* — *Les Femmes d'Alger.*

Année 1841. — *Le Rêve.* — *Fuite dans le désert.*

Année 1844. — *Vue du Bas-Bréau.* — *Bohémiens allant à une fête.* — *Le Maléfice.* — *Orientale.*

Année 1845. — *Portrait de Mme A.* — *Portrait de Mme L.* — *Portrait de Mme T.*

Année 1846. — *Les Délaissées. — Le Jardin des amours. — Intérieur de forêt. — Une Magicienne. — Léda. — Orientale. — L'Abandon. — La Sagesse.*

Année 1847. — *Vue du Bas-Bréau. — Intérieur de forêt. — Chiens dans une forêt. — Le Repos oriental. — Le Rêve. — Orientale. — Femmes d'Alger. — La Causerie. — L'Amour réveillant une nymphe. — Baigneuse.*

Année 1848. — *Départ de Diane pour la chasse. — Vénus et Adonis. — La Promenade. — Bohémiens écoutant la prédiction d'une jeune fille. — Meute dans la forêt de Fontainebleau.*

Année 1850. — *L'Amour désarmé. — Portrait de Mme de S... — Les Bohémiens. — Soleil couchant.*

EXPOSITION UNIVERSELLE DE 1855.

Les Dernières Larmes. — Nymphe tourmentée par l'Amour. Les Présents d'amour. — La Rivale. — Nymphe endormie. — La fin d'un beau jour.

TH. SILVESTRE

Histoire des Artistes vivants.

(EXTRAIT.)

Thomas Diaz de la Pena, bourgeois de Salamanque, proscrit par le roi Joseph à la suite d'une conspiration politique, passa la frontière française à travers mille dangers et s'arrêta à Bordeaux avec sa jeune femme, Maria-Manuela Belasco, qui, sous le coup des fatigues et des agitations du voyage, mit au monde dans cette ville, le 20 août 1807, Narcisso-Virgilio Diaz.

Les réfugiés ne trouvèrent pas la tranquillité en France : Thomas Diaz gagna l'Angleterre, où il mourut après trois ans de séjour. Sa veuve, caractère résolu, passa successivement de Bordeaux à Montpellier, de Montpellier à Lyon et de Lyon à Paris, où elle enseigna les langues pour vivre, et, à sa mort, son enfant, âgé de dix ans, fut recueilli par un pasteur protestant retiré à Bellevue, dans les environs de Paris.

Le jeune Diaz, diablotin tourmenté par la force du sang (la fuerza del sangre), et livré à lui-même par le bon et négligent pasteur, passait sa vie à battre les bois et les chemins de Fleury, de Meudon, de Sèvres, de Saint-Cloud, douces et aimables campagnes où, fatigués du tumulte de la ville, nous aimions tant à nous égarer ensemble, à travers les bruyères fleuries et les mousses étoilées pendant les beaux jours d'automne. Là, une nature sans violences rappelle la magie des décors de l'Opéra : le tronc des arbres centenaires y est venu comme d'un seul jet, sans rugosités, sans nœuds et sans caprices, dans les bas-fonds pleins de sources ou sur le flanc des coteaux enveloppés d'éternels brouillards, qui abreuvent leurs racines et leurs feuillages et dont la verdure intense ne pâlit qu'aux premières âpretés de l'hiver.

Du haut de ce monticule où la chapelle de Notre-Dame-des-Flammes s'élève au milieu des cyprès, l'œil poursuit avec délices les méandres de la Seine, les blancs villages d'Auteuil, de Boulogne, les vagues silhouettes de ce Paris bruyant et fumeux, accroupi comme un monstre aux proportions infinies dans les demi-teintes de l'atmosphère.

Un jour, le jeune Diaz, après avoir folâtré de ravin en coteau, s'était endormi sur l'herbe, de ce vaillant sommeil de l'enfance que rien ne peut troubler. A son réveil, il se sentit une vive douleur au pied gauche, qui gonflait à vue d'œil. Une bonne femme le soigna bêtement; la gangrène apparut; on le fit transporter à l'hospice de l'Enfant-Jésus, à Paris, où il supporta, coup sur coup deux amputations (la première opération n'ayant pas réussi), et il appelle aujourd'hui sa jambe de bois : *mon pilon !* Sitôt guéri, il passa quelques jours chez un imprimeur, devint ensuite apprenti coloriste dans une fabrique de porcelaine parisienne, et commença la peinture sur des assiettes, des compotiers, des pots de pharmacien, en compagnie de MM. Jules Dupré, Raffet et Cabat, devenus comme lui des artistes de renom.

Il adorait les spectacles : les drames et les tableaux des romantiques remuèrent toutes les ardeurs de son tempérament naturellement agité. Il fut l'un des fanatiques de Delacroix et un ennemi bruyant, impétueux, exagéré de la peinture « fine et léchée ». Au lieu de suivre les recommandations du porcelainier, qui voulait plaire au chaland par des images minutieuses et fades, il s'avisa, un beau jour, de peindre sur deux vases des esquisses d'un effet vigoureux et désordonné. Le patron jeta les hauts cris. Diaz se précipita tête baissée dans l'art libre, à ses risques et périls. M. Souchon, aujourd'hui directeur de l'École de Lille, lui donna quelques leçons de dessin; mais l'impatient élève s'empressa d'échapper à cet habile homme et se mit à faire à la diable ses premiers tableaux, sans avoir rien appris.

Sigalon, ami, compatriote, élève de M. Souchon, et qui en ce temps-là travaillait à son *Athalie*, au milieu des horreurs de la misère, disait souvent : « Diaz a le plus bel avenir, s'il veut travailler; c'est un fier tempérament de coloriste, et quelle facilité !... » . . . .

T. THORÉ

Le Salon de 1844.

Voici M. Diaz. Celui-là ne craint pas la plus vive lumière. Ses tableaux ressemblent à un monceau de pierreries. Le rouge, le bleu, le vert, le jaune, tous les tons francs et tous les tons combinés, de mille manières, jaillissent en rayons de chaque point de ses tableaux ; c'est comme un semis de feuilles de coquelicots, de tulipes, de feuilles de houx, de bouquets disséminés sous le soleil ; c'est comme la palette capricieuse d'un grand coloriste. Il est impossible d'avoir plus d'audace et de mieux réussir. M. Diaz a beaucoup étudié dans les coins les plus vierges de la forêt de Fontainebleau. Il y a saisi des effets d'automne qu'une nature plus cultivée ne saurait offrir. Les arbres, les terrains, les ombres de ses paysages, ont des aspects étranges et très-poétiques. La *Vue du Bas-Bréau* est une excellente étude, tout à fait en dehors du sentiment vulgaire. Il faut être un grand artiste pour voir ainsi le paysage et pour le peindre avec cette bravoure digne des maîtres espagnols.

Les *Bohémiens se rendant à une fête* sont un peu inspirés par la *Descente de Vaches dans un ravin suisse*, de M. Rousseau. Tous les amis de la belle peinture connaissent cette œuvre singulière de Rousseau, qui fut longtemps exposée chez M. Ary Scheffer, après avoir eu les honneurs d'un refus au Salon. Le long d'une route escarpée, couverte de sombres végétations, quelques pâtres descendant avec leurs troupeaux dans une plaine aux herbes gigantesques, où les vaches plongent jusqu'au poitrail. M. Diaz, empruntant le dessin général de cette composition poétique, en a changé le caractère pour la convenance de son sujet. Au lieu du mystère et de la solitude, il a animé son tableau d'une joie exhubérante et d'une sorte de folie. Ses Bohémiens, diaprés de mille couleurs, avec des costumes de tous les pays, avec des tournures les plus diverses du monde, roulent jusqu'au bas du sentier. Quelques-uns se perdent dans les broussailles, mais les Bohémiens se retrouvent toujours, et ils ont trop d'ardeur pour manquer à la fête.

Un autre tableau de M. Diaz, l'*Orientale*, est aussi une réminiscence de M. Eugène Delacroix. A tant faire que d'imiter on ne saurait mieux choisir ses modèles. L'*Orientale* représente l'intérieur d'un harem, où l'on voit rassemblées, des femmes aux yeux veloutés, aux poses nonchalantes, aux riches ajustements. Cette fraîche oasis, cachée au fond du sérail, est voilée d'une demi-teinte transparente, dans le même sentiment que la *Noce au Maroc*, de M. Eugène Delacroix. On aperçoit, entre les arcades mauresques qui ouvrent sur les jardins, des fontaines limpides et des buissons de fleurs.

Le quatrième sujet exposé par M. Diaz, *le Maléfice*, nous paraît le plus original et le plus complet de ses tableaux. C'est une petite toile grande comme la main, avec deux figures, au milieu d'un paysage fantastique. Une jeune fille, fraîche et radieuse, va droit devant elle au hasard, et sans doute enivrée par les parfums de l'air et des arbres. A son côté l'une des sorcières de Macbeth, ou Méphistophélès grimé en vieille femme, lui souffle dans l'oreille je ne sais quels perfides conseils. La jeune fille cependant, inquiète et rêveuse, va toujours, écoutant les séductions de sa compagne. L'allégorie est très-bien traduite et très-réelle. C'est un sujet charmant souvent traité par les peintres, que cette personnification des pensées secrètes et des entraînements irrésistibles de la vie.

T: THORÉ

Le Salon de 1846.

Diaz est un artiste difficile à classer. Dans toute la série des maîtres on lui chercherait vainement des affinités. Il rappelle peut-être la fougue et l'abondance de Tiepolo, la finesse de Chardin ; mais surtout Watteau et Velasquez. Il a la couleur argentine et harmonieuse de celui-ci, la légèreté et la fantaisie de l'autre. Il fait penser aussi à l'école de Parme dans la qualité des tons de chair, la transparence des ombres et la qualité de la touche. Je ne connais pas de plus charmant coloriste, quelque part que ce soit. Tous les dons de la couleur, il les a réunis : la vigueur, l'éclat, la finesse, la variété, la lumière. Il dispose du soleil comme Claude Lorrain ; mais il s'en sert tout autrement. L'admirable Claude Lorrain répand le soleil partout, sur les horizons perdus, sur la mer infinie, avec la sincérité de la nature. Diaz, au contraire, prend un coin de forêt, un intérieur de harem, un bocage mystérieux, et il agace la lumière pour y faire produire mille coquetteries et des effets imprévus. Le soleil de Diaz est une maîtresse capricieuse, qui rit, qui pleure, qui s'agite, et qui, dans ses accès de passion, montre toute sa puissance et sa beauté.

La rareté du talent de Diaz tient à son inspiration poétique autant qu'à sa couleur délicieuse. Son art n'est point la nature, ni une convention quelconque d'après la nature ; c'est la poésie des rêves ; c'est l'évocation d'un monde surnaturel.

THÉOPHILE GAUTIER

Le Salon de 1847.

Ce Diaz, incomplet, et ravissant peut-être à cause de cela, car il fait chercher et rêver, nous arrive avec une bande de tableautins, de petits fouillis plus ou moins compréhensibles, mais scintillants comme les fanfreluches du kaléidoscope.

Ce sont toujours des nymphes blanches lutinées par des amours roses, des femmes de neige qui folâtrent dans des eaux de diamant, des sultanes roides d'or, grenues de pierreries, assises sur des tapis de Perse, sous un déluge de rayons et de fleurs impossibles ; des forêts que le soleil crible de paillettes et où jappent¹ dans les hautes herbes, des king's-charles, des blenheims et des levriers ; tout cela aussi vif, aussi chaud, aussi phosphorescent que les autres fois. Seulement, cette année, le côté du paysage est plus développé. Dans les deux vues de forêt où les figures ne sont qu'accessoires, le senor Narciso Ruy Diaz de la Pena a montré que, s'il voulait s'appliquer à peindre des arbres, il pourrait ajouter à la sienne la gloire de Paul Huet et de Rousseau.

Celle de ses toiles où l'on voit une trouée dans l'épaisseur des bois, et qui, si nous ne nous trompons, représente le Bas-Bréau, dans la forêt de Fontainebleau, est excessivement remarquable. Les fûts argentés des arbres s'implantent bien dans l'émeraude des mousses et soutiennent hardiment leurs chapiteaux et leurs voûtes de feuillages ; c'est un brouillamini charmant d'herbes, de fleurs, de brindilles, de rayons de soleil ; mais cependant on sent partout l'assiette du terrain : on pourrait marcher dans cette

forêt ; car sous cette folie de végétation, sous ce désordre de ver-
dures luxuriantes, il y a un sol consistant.

Nous pensons qu'en peignant les arbres plus grands et les
figures plus petites, c'est-à-dire en faisant prévaloir les fonds sur
ses personnages, Diaz arriverait à des résultats très-remarquables,
et produirait sous une nouvelle face son talent, qui a besoin
d'être renouvelé ; il sait trouver pour ses forêts des verts chauds
si variés, si transparents ; il amène si hardiment un rayon au fond
de l'ombre ; il jette avec tant de prodigalité sur le gazon ces
touches blondes, pièces d'or que le soleil fait pleuvoir à travers
le tamis de feuilles pour séduire quelque Danaé bocagère ; il
possède si à fond le secret de ce tremblement lumineux de l'atmosphère, de cette fraîcheur des sources invisibles ; il a si bien
cette touche inquiète et frémissante, faite exprès pour rendre le
frisson des feuilles et des herbes toujours émues, qu'il se créerait
dans le paysage une originalité que les imitateurs ne pourraient
lui dérober de longtemps.

THÉOPHILE GAUTIER

Les Beaux-Arts en Europe.

1856

S'il n'est pas un peintre d'histoire, M. Diaz, bien que la vogue
soit à ses nymphes et à ses amours, est un peintre de paysage de
la force de Rousseau, de Troyon et de Français. Seulement il
néglige ce don précieux et ne s'en sert présque que pour faire

des fonds à ses figures ; qui mieux que lui, cependant, sait dans un dessus de bois semer sur le gazon les ducats du soleil, y faire tamiser la lumière aux feuilles, plaquer de mousse l'écorce argentée des hêtres, suspendre la rosée aux herbes, habiller de velours l'épaule maigre des roches, entr'ouvrir la broussaille par où passe la biche effarée ou le chien en quête, tracer le chemin creux du bohémien et du braconnier ? Il a fait dans ce genre vingt chefs-d'œuvre dont il ne se soucie guère, car il n'en a pas mis un seul à cette grande Exposition où chacun apporte ses titres de noblesse, dût-il les aller chercher dans la poudre et l'oubli. — La *Nymphe tourmentée par l'Amour*, la *Rivale*, la *Nymphe endormie*, les *Présents de l'Amour*, la *Fin d'un beau Jour*, sont à coup sûr de charmantes choses, et que les amateurs se sont disputées au poids de l'or ; mais ce ne sont que les variations peut-être trop multipliées d'un thème connu, et qui se répètent d'elles-mêmes sous le pinceau de l'artiste.

M. Diaz vit dans un petit monde enchanté où les couleurs s'irisent, où les rayons lumineux traversent des feuillages de soie, où les objets sont baignés d'une atmosphère d'or ; le ciel ressemble à l'or bleu du col des paons, les gazons se mordorent, la terre scintille comme un écrin, les étoffes miroitent ou s'effrangent en fanfreluches étincelantes, les chairs prennent des tons de nacre de perle ; tout tremble et flamboie comme lorsqu'on ferme à demi ses yeux au soleil et qu'on regarde à travers les cils ; avec une semblable palette, on peut peindre les décors de *Comme il vous plaira* ou du *Songe d'une nuit d'été*, pour un théâtre de fées. Il est donc inutile de chercher à sortir de cette forêt magique où se promènent, les pieds dans la rosée, le front dans la lumière, les pages conduisant les levrettes et les king's-charles, les gitanas à la jupe constellée d'étoiles, les nymphes égarées par des amours les baigneuses en quête d'une source à l'eau diamantée pour y plonger leurs corps d'argent, les sultanes jetant leurs tapis de Perse sur le tapis de l'herbe au milieu d'une clairière. — Seulement, que

M. Diaz se méfie des cercles tracés par les danses des esprits ;
quand on y tombe, on est forcé de valser jusqu'au matin sans
en pouvoir sortir.

EDMOND ABOUT

Voyage à travers l'Exposition. 1855.

M. Diaz est un célèbre enchanteur qui a su par magie dérober un petit rayon de soleil. Il le porte partout avec lui et le
répand sur ses tableaux. Le rayon est tout petit, mais il se
renouvelle à mesure qu'il se dépense, comme la fortune du Juif
errant. Si vous regardez les cinq petites toiles que M. Diaz a
exposées, vous y verrez des nymphes gracieuses, des amours
coquets et spirituels, des paysages exquis, et partout le joli
rayon de soleil qui ne s'épuisera jamais. C'est par la vertu de ce
bienheureux petit rayon que M. Diaz a obtenu de grands succès et acquis la réputation d'un grand peintre.

JULES CLARETIE

L'Art. 24 octobre 1875.

Il faut aimer en art ceux qui aiment la vie, et ceux qui, l'aimant, la traduisent d'une façon personnelle sans recourir au pastiche, à l'imitation, sans se traîner dans la routine à la remorque des prédécesseurs. Les Corot, les Th. Rousseau, les Jules Dupré, les Paul Huet, qui renouvelèrent le paysage, qui allèrent droit, il y a quarante ans, à la nature, *natura naturam*, disait Th. Thoré, seront toujours nos maîtres préférés. Être original est la première qualité d'un artiste, et parmi les peintres de ce temps, nul, à coup sûr, n'est plus original que Diaz, et n'a eu une palette plus à lui. Son verre est assez grand, il est fort joliment ciselé, et Diaz boit dans son verre. On a pu dire de lui qu'il ne devait rien aux maîtres qui l'avaient précédé et qu'il enseignerait peu de choses à ceux qui le suivront. En effet, un tel créateur n'enseigne pas les secrets de son tempérament et de ses bonnes fortunes. Il est né tel qu'il est, ne demandant rien à la tradition, fuyant l'Académie, aimant la nature, certes, mais la voyant à travers sa lorgnette; comparable tantôt à Chardin et tantôt à Tiepolo, possesseur d'un rayon du soleil de Claude Lorrain et de la légèreté de Watteau; en un mot, obéissant à sa fantaisie, artiste jusqu'aux ongles et artiste indépendant, primesautier, capricieux, coloriste comme personne, et, bref, pour tout dire, magistral.

L'Art publiait naguère une reproduction par l'eau-forte de ce tableau de Diaz, *Chevaux dans la prairie*, qui, gravé, donne l'impression saisissante et mélancolique d'un steppe, et dont la couleur est vive au contratre, ardente et joyeuse. Rien de plus clair et de plus lumineux que cette mare où viennent s'abreuver les chevaux. Les lignes fermes de ce vaste paysage, cette solitude qu'on dirait emplie du hennissement des cavales et des souffles du vent, tout vous retient à la fois et vous charme. On comprendrait peu que le peintre habituel des nymphes, des amours et des Vénus eût sur sa palette de semblables paysages, si l'on ne savait que pour Diaz, comme pour certains tempéraments féconds et prodigues, il n'y a pas de spécialité, point de coin où l'artiste parque étroitement son talent comme une chèvre au poteau. Tout au contraire, Diaz laisse librement courir sa verve au gré de son caprice. Il peint avec le même amour tantôt un hêtre du Bas-Bréau, tout illuminé de soleil, tantôt une Diane au bain, séduisante et étrange comme une apparition, tantôt des chiens sous bois, tantôt encore une odalisque qui semblerait sortir du harem de Delacroix. J'aime cette variété dans le pinceau d'un artiste. Il semble que le talent soit deux fois admirable lorsqu'il a l'élan, la grâce facile et l'inspiration multiple. « Une forêt, nous disait un jour M. Victor Hugo, ne fait pas pousser d'abord un chêne, puis un tremble, puis un orme, elle fait tout pousser à la fois, comme d'un seul jet puissant, et c'est pour cela qu'elle est une forêt. »

Diaz, dont le talent semble, malgré la prodigalité du peintre, rajeuni et plus vigoureux chaque jour, a cependant dépassé depuis plusieurs années la soixantaine. Il a bien près de soixante-huit ans aujourd'hui; mais sec, intrépide et solide, il n'interrompt point son labeur et, avec une verve égale à celle de sa jeunesse, il évoque sur la toile, en les peuplant parfois de visions corrégiennes, les paysages puissants de la forêt de Fontainebleau. A voir les toiles dernières du peintre, ces dessous de bois aux feuilles dorées par le soleil ou pourries par l'automne, ces étangs immobiles, ces allées profondes et vertes, ces troncs noueux et couverts de mousse, morceaux pleins de vigueur et de couleur, qui croirait que Narcisse-Virgilio Diaz est né le 20 août 1807, et qu'il marche, à peu d'années près, avec le siècle qui décline.

M. Diaz a cependant vu le jour à cette date, à Bordeaux, où son père, Thomas Diaz de la Pena, bourgeois de Salamanque, s'était réfugié, après avoir été chassé d'Espagne par le roi Joseph, contre lequel il conspirait. Thomas Diaz devait bientôt quitter la France, passer en Norwége, puis en Angleterre, et mourir à Londres, loin des siens, laissant sa veuve, Maria Belasco, à Bordeaux, toute prête à s'embarquer pour l'Angleterre. Le coup qui frappa la pauvre femme manqua la rendre folle; mais elle savait qu'elle devait essayer de lutter pour son fils, et, venant à Paris, elle tenta d'y vivre en donnant des leçons d'espagnol et d'italien. Narcisse-Virgilio Diaz de la Pena, le futur peintre, avait dix ans lorsqu'il la perdit. Madame Diaz était alors établie à Sèvres, où elle faisait l'éducation des enfants d'une famille anglaise. Un pasteur protestant, qui habitait Bellevue, recueillit le pauvre enfant orphelin, et, comme on l'a dit, M. Diaz, avant d'avoir Souchon pour maître, fut élève des bois de Sèvres, des coteaux de Bellevue, des ombrages de Fleury, de ces sentiers charmants où l'idylle se fait accessible et quasi provoquante.

Avant de lui être chères et fécondes, ces séductions d'ailleurs lui furent fatales. Il s'endormit un jour sur l'herbe, et se réveilla avec le pied gauche effroyablement gonflé. J'ai lu dans une de ses biographies que, transporté à l'hospice de l'Enfant-Jésus, le pauvre enfant dut supporter une terrible amputation; on lui coupa la jambe gauche. Et Diaz adolescent demeura donc, comme Daumesnil, avec ce *pilon* dont il dit parfois, en riant, que des Anglais, amateurs de sa peinture, ont voulu le lui acheter en même temps que ses tableaux.

Le petit protégé du pasteur de Bellevue avait, au lendemain de l'amputation, à songer à la vie matérielle. Diaz venait d'avoir quinze ans; il fallait vivre et, pour vivre, apprendre un état. L'enfant choisit instinctivement celui qui se rapprochait le plus de ses goûts; il devint peintre sur porcelaine. Raffet et deux des maîtres du paysage moderne, Cabat et Jules Dupré, exerçaient, à la même heure, ce même état; ils peignaient des assiettes à *l'essence* avant de peindre leurs tableaux à *l'huile*. Jules Dupré, Cabat et Raffet étaient alors peintres sur porcelaine chez l'oncle de Jules Dupré, chez le grand-père de celui qui écrit ces lignes. Mais ce métier, touchant à l'art par certains côtés, ne plaisait à Diaz qu'à demi. Tout en courant les expositions et les théâtres, en assistant en spectateur enthousiaste au double mouvement artistique et littéraire qui allait prendre pour nous une date, 1830, Diaz apprenait le dessin avec Souchon, le maître de Sigalon, et en même temps il se mettait à peindre avec une sorte de fièvre, jetant sur la toile une profusion de scènes égyptiennes ou romantiques inspirées des *Orientales* de Victor Hugo, ou des drames tourmentés de cette époque. Diaz est assez peu indulgent aujourd'hui pour ses premiers essais et même pour ces premiers succès. Lorsqu'on lui cite les titres des tableaux qu'il exposa dans toute la verdeur de ses vingt ans, les *Environs de Saragosse* (1834), la *Bataille de Médina-Cœli* (1835), *l'Adoration des Bergers* (1836), *le Vieux Ben-Emeck* (1838), il sourit doucement dans sa longue barbe grise et répond : « Ne parlons point de tout cela. C'était très-mauvais. — Quoi! très-mauvais? — Eh bien, oui, du papier peint! »

La plupart des œuvres de la première manière de Diaz sont, en effet, d'une tonalité sombre; elles manquent d'éclat. Leur coloris assez terne, les touches lourdes, le manque de transparence dans les demi-teintes, font aujourd'hui l'étonnement de la critique. « Qui le croirait? dit M. Paul Mantz, ces tableaux sont tristes et manquent précisément des qualités qui recommandent aujourd'hui le maître. » Est-ce que les premières et grandes toiles de Corot avaient la poésie, le charme, la grâce de ses productions dernières? Diaz a donc raison de ne point parler de ces péchés de jeunesse, auxquels il doit cependant d'avoir assoupli son pinceau.

Diaz est d'ailleurs très-sévère pour lui-même, et l'on ne sent pas dans cette sévérité l'affectation de modestie de certains artistes. Il sait fort bien ce qui est supérieur dans son œuvre, et c'est, par exemple, avec un légitime orgueil qu'il montre dans sa collection particulière, à côté de ses toiles de J. F. Millet, de ses paysages de Corot, de ses tigres de Barye et de sa *Bataille de Poitiers* d'Eugène Delacroix, tel portrait de jeune fille blonde, ébauché avec une grâce extrême, telle étude grandeur nature qui garde comme un reflet de Prud'hon, tel arbre vigoureux solitaire, criblé de soleil, et surtout telle femme vue de dos, planant comme dans un rêve et vivante, la chair savoureuse comme la réalité la plus séduisante : — une de ces bonnes fortunes de l'inspiration qui font d'une esquisse enlevée en deux heures quelque chose d'incomparable, de supérieur au tableau le plus *poussé.*

C'est en 1844, dix ans après ses débuts, que Diaz arriva à cette manière lumineuse, colorée, qui est la sienne ; sa *Vue du Bas-Bréau,* son *Orientale,* son *Maléfice,* ses *Bohémiens se rendant à une fête,* datent de cette époque, et sont déjà marqués au coin de son originalité. Au Salon de 1840, *les Nymphes de Calypso,* et, en 1841, *le Rêve,* avaient déjà marqué un progrès absolu. Mais les *Bohémiens* de 1844 attirèrent décidément l'attention, et Diaz se montrait désormais avec ses qualités de lumineuse rareté, de grâce voluptueuse, avec sa féerie ensoleillée. Féerie est bien le mot. Talent en quelque sorte double, serrant de près la nature et créant à la fois un monde imaginaire, il y a chez Diaz du réaliste (le mot semble bizarre appliqué à lui) et du poëte. Son œil noir, profond, brillant, brûlant, saisira, par exemple, nettement toute la lumineuse intensité d'un coucher de soleil à travers les arbres, et, voyant pour ainsi dire plus loin, il peuplera ce coin de forêt de tout un monde mythologique, nymphes ou déesses aux corps nacrés, dont il rend, par les *taches* harmonieuses plus encore que par les *formes,* le charme singulier et tentateur. C'est le monde de Shakespeare, ou plutôt celui des *Métamorphoses* d'Ovide, s'ébattant sous les chênes de Fontainebleau ; c'est Titania, c'est Aphrodite s'égarant dans les roches et s'arrêtant à Barbizon ou à Chailly.

En effet, Diaz est de ceux qui ont séjourné à la lisière du Bas-Bréau, demandant son secret à ce lieu superbe. Il a étudié avec amour et peint cent fois ces bocages, ces sentiers, ces roches, les merveilles que répand l'automne en cette forêt géante. La chanson fredonnée tant de fois au temps jadis dans la vieille auberge du village n'avait garde d'oublier Diaz parmi les *Peintres de Barbizon* :

> On y voit des *pétarades*
> De Diaz de la Pena.

Et, de fait, c'est bien le nom qui convient à ces coups de soleil, à ces coups de feu et à ces coups de lumière. Elles ont une séduction étrange, ces *pétarades* de Diaz, et peu de grands coloristes ont eu, comme lui, le don de rendre par un tel ragoût de couleur les tons de vert rouillé des soirs d'automne, les satins argentés des épaules de nymphes toutes baignées de lumière. Les peintres disent, dans leur langage expressif, devant la palette de Diaz : « Il est impossible de mieux cuisiner. »

Le jour où l'on voudra mener à bonne fin le catalogue des œuvres de ce maître exquis, on entreprendra une difficile tâche. Les tableaux que l'auteur des *Chiens sous bois* et de l'*Amour désarmé* a signés sont presque innombrables, ou du moins fort nombreux. Après avoir exposé en 1844 les toiles que nous avons citées tout à l'heure, il envoyait trois portraits d'un charme très-particulier au Salon de 1845 ; en 1846, plusieurs tableaux qui semblaient résumer sa manière dans toute son originalité et toute sa variété : *les Délaissées, le Jardin des Amours*, une *Magicienne*, un *Intérieur de forêt*, une *Léda*, une *Orientale, l'Abandon, la Sagesse* ; en 1847 : dix toiles à la fois, entre autres les *Chiens dans une forêt* ; en 1848 : *Diane partant pour la chasse, Vénus et Adonis, la Promenade, Bohémiens écoutant la prédiction d'une jeune fille, Meute dans la forêt de Fontainebleau*.

Il faut noter ici l'entreprise sérieuse que voulut un jour faire Diaz. Le gouvernement de 1848 avait mis au concours la figure symbolique de la République. Diaz concourut. Il envoya une figure à l'École des Beaux-Arts. Mais sa République était encore une Vénus entourée de ces *petits culs-nus d'amour* que chantait Béranger. Elle était charmante, savoureuse, faite pour séduire un Athénien comme Camille, mais elle n'avait pas la gravité requise pour une figure *officielle*. Le modèle qu'avait choisi Muller dut sembler plus *convenable* : c'est le mot de mise en pareil cas.

Diaz cependant travaillait, et, à quarante ans, il apprenait à dessiner ; il serrait de près la forme. Aussi bien, lorsqu'au Salon de 1851 on le vit exposer, avec le *Portrait de Madame de S...*, une *Baigneuse* et *l'Amour désarmé*, son succès fut très-grand, très-mérité. On le compare à Prud'hon pour l'art de faire palpiter les chairs sous une lumière lactée. Cette année-là, Diaz fut fait chevalier de la Légion d'honneur : il avait obtenu ses trois médailles, une troisième en 1844, une deuxième en 1846, et une première en 1848.

Diaz éclatait, si je puis dire, brillant et personnel, à l'Exposition de 1855, avec ses tableaux les mieux choisis : ses *Dernières larmes*, tableau discuté, mais hors de pair, et dont le coloris blafard fut aussi raillé qu'en poésie l'avaient été les *Rayons jaunes* de Sainte-Beuve, ses *Nymphes*, sa *Rivale*, sa *Fin d'un beau jour*, son admirable *Nymphe tourmentée par l'Amour*, sa *Nymphe endormie* et ses *Présents d'amour*. Puis, au lendemain de cette épreuve, il partait, non pour l'Orient, comme l'a dit un biographe, non vers ce pays de ses premiers rêves, ce foyer de couleur d'où Decamps et Marilhat étaient revenus rapportant du soleil au bout de leur pinceau, comme Théophile Gautier au bout de sa plume, mais tout simplement pour la forêt de Fontainebleau, où rit aussi la lumière. Les Salons suivants attestèrent que tous les lumineux rayons n'étaient point glanés et que Diaz en avait rencontré et conservé plus d'un.

Le peintre de la *Nymphe endormie* et de *l'Éducation de l'Amour* n'expose plus cependant depuis longtemps. Il se confine dans son atelier, acharné à son labeur et travaillant avec une sorte de hâte, comme si, avec une constitution aussi nerveuse et aussi robuste encore, le temps devait lui manquer. Il se plaît volontiers à vivre face à face avec son rêve, loin des coteries et des succès mondains. On sent qu'il a supprimé de la vie tout ce qu'elle a de factice pour ne lui demander que ce qu'elle a d'absolu, l'intimité. Rien de plus mortel pour un artiste que le banal. L'atelier de Diaz est ouvert à peu de gens, mais, avant tout, il l'est au travail.

Je voudrais caractériser, sinon d'un mot, au moins d'un trait, l'œuvre multiple, quasi innombrable de Diaz, de ce maître si varié, si savoureux, si séduisant, si profondément et si vaillamment coloriste, œuvre où l'on retrouve, je le répète, les mâles attraits de la nature à côté des grâces piquantes d'un poëte de l'*Anthologie* grecque. Tout y reluit, tout y est baigné du poudroiement des soirs d'été ou des caresses des tièdes nuits d'août, tout y miroite comme dans les mondes enchantés des rêves d'or. Qu'on s'imagine un logis ouvert d'un côté sur un coin de terre fabuleux, baigné d'une clarté lunaire, plein de visions, où la poésie d'un Anacréon répondrait à la féerie d'un Shakespeare ou au caprice d'un Carlo Gozzi, — de l'autre sur une forêt profonde, mystérieuse, où passeraient courbés et vivants de véritables bûcherons, de vieilles femmes traînant lentement leurs ramées, frères et sœurs pourtant de ces Vénus souriantes, de ces Dianes entourées d'épagneuls tachetés, de ces nymphes qui nous charmaient tout à l'heure ; — ce logis adorable, luxueux et attirant donnerait l'idée de cette palette brillante comme un écrin, de cette fantaisie lumineuse du talent même de M. Diaz de la Pena, dont le nom, ce nom flamboyant de Diaz, évoque pourtant une image plus poétique encore que tapageuse et fait songer à quelque chose comme un *Corrège à Barbizon*.

ÉMILE BERGERAT

Journal officiel du 25 novembre 1876.

Extrait

La forêt de Fontainebleau restera à jamais sacrée pour les artistes français, car elle a été le berceau d'une école de peinture telle que nul autre pays que la France et nulle autre époque que la nôtre ne peut lui en opposer de comparable. Rousseau, Dupré, Millet, Diaz, Corot, Decamps, Cabat, Français, Daubigny, Jacques et dix autres encore, ont attaché la gloire de leurs noms à cette forêt magnifique : ils en ont fait un monument historique de notre génie national. C'est dans ce que Schiller appelle « le crépuscule vert » de ses frondaisons que la nature est apparue à tous ces ardents évocateurs et qu'elle s'est révélée belle de sa nudité mystérieuse. Il fut un temps où Paris intrigué voyait disparaître tous ses peintres et se demandait où ils pouvaient aller, les uns après les autres, avec leurs allures silencieuses, leur discrétion et leurs sourires d'hommes heureux. Fontainebleau n'était pas encore ce qu'il est devenu aujourd'hui : au pied du château, demeuré résidence royale, et de la ville restée nécropole, la forêt inextricable, sauvage, s'étendait avec ses profondeurs sombres, explorée seulement par les bûcherons et foulée par d'innombrables familles de cerfs, de daims et de chevreuils. Les touristes y étaient plus rares que les escaladeurs au mont Blanc. Seulement, de place en place, *rari nantes,* ici dans un fourré, là dans une clairière, plus loin devant un groupe de

chènes séculaires, quelques hommes, la boîte à couleurs sur les
genoux, la pipe aux dents, assistaient aux féeries de la lumière
que leur jouait le soleil, et cela rien qu'à eux et que pour eux.
Certes, ils ne craignaient point d'être dérangés par des impor-
tuns; ils n'étaient craints par aucun des habitants de la forêt, et
tandis que des essaims d'oiseaux leur donnaient concert, la biche
curieuse pouvait passer son museau blanc entre les fougères et
regarder ce qu'ils faisaient, car c'étaient des chefs-d'œuvre. Diaz
était l'un des maîtres et seigneurs de ce vaste domaine. C'est en
compagnie de ses illustres amis Théodore Rousseau et François
Millet, et dans la solitude troublée seulement par leurs appels
joyeux et leurs exclamations, qu'il a peint ses meilleures toiles,
celles par lesquelles il vivra.

Les rochers granitiques des gorges d'Apremont, satinés de
mousse irisée, les hêtres du Bas-Bréau, les bouleaux argentés
de la vallée de la Solle, les dessous de bois, les grandes allées où
filtre le rayon d'or et au bout desquelles le ciel agite des diapre-
ries de couleur pareilles à la queue des paons, les scintillements
de la rosée sur les gazons que plaquent des taches de pur soleil,
comme des sequins semés sur le tapis d'une danseuse toutes les
irradiations, tous les flamboiements d'un bois magique, voilà ce
que Diaz a rendu avec le prestige d'un pinceau lui-même enchanté. Parfois, il fait sortir de ce rêve élyséen une apparition
de nymphe prud'honnienne, quelque Diane suivie de ses lévriers,
à la carnation nacrée, baignée dans une pénombre transparente; mais cette mythologie le trompe : elle n'est pas arrivée,
et les seuls personnages qui aient jamais habité cette forêt d'es-
carboucles, c'est la fée Titania, c'est le nain Obéron, ce sont les
acteurs shakespeariens du « Songe d'une nuit d'été » et de
« Comme il vous plaira ».

Avec lui disparaît l'un des maîtres de cette féconde race de
naturalistes dont le dernier représentant vivant est M. Jules
Dupré. Espérons que, selon le vœu général auquel nous nous
associons de grand cœur, notre musée du Louvre saura s'enri-

chir de quelques-unes des meilleures pages du peintre et ajouter
ce nom glorieux de Diaz de la Pena à la liste, trop incompléte-
ment représentée à son catalogue de nos grands paysagistes contemporains.

Eugène VÉRON

L'Art du 26 novembre 1876.

Encore un deuil pour la peinture française! La Mort, qui
fauche avec une égale impassibilité les vieux et les jeunes, les
forts et les faibles, vient de frapper un des représentants les plus
brillants et les plus populaires de cette vaillante génération d'artistes qui s'épanouit au lendemain de 1830, et qui depuis près
d'un demi-siècle a jeté tant d'éclat sur la France. Narcisse-Vir-
gile Diaz de la Pena est mort à Menton le 18 novembre, dans
sa soixante-dixième année. Il était né le 20 août 1807, à Bordeaux, où s'étaient réfugiés ses parents, chassés d'Espagne à la
suite d'une conspiration contre Joseph Bonaparte. Cette origine
espagnole, que révèle clairement un nom sonore et fier, se tra-
hit parfois dans la peinture du célèbre artiste. Si Diaz a pu devi-
ner l'Orient, qu'il n'avait jamais vu, s'il a pu inventer un Orient
tout personnel, mais dont la fantaisie garde comme un reflet de
la réalité, s'il a pu créer toutes ces odalisques, ces bohémiennes,
toutes ces turqueries charmantes, dont les étincelantes tonalités
et les délicieux bouquets de couleurs ont fait si longtemps illu-
sion, à ce point qu'on n'a pas hésité à lui attribuer un grand
voyage à travers les contrées que son imagination avait seule
explorées, cela tient peut-être à ce que l'auteur de ces « Orien-

tales » est un enfant de cette Espagne que l'Orient, par les
Maures, a marqué d'une empreinte indélébile. Dans ses Vénus,
au contraire, ses baigneuses, ses Dianes, et toutes ces scènes
voluptueuses qu'il a quelque peu prodiguées, Diaz a cherché le
Corrége, vers lequel il se sentait attiré par un charme irrésis-
tible, et d'Espagnol s'est fait Italien. Mais né en France, élevé
en France, Diaz est bien Français, et surtout par le paysage,
qui restera son plus beau titre de gloire. A côté de Théodore
Rousseau, dont il fùt l'ami dévoué, l'admirateur enthousiaste, et
dont il contribua puissamment à faire apprécier le génie longtemps contesté, il a sa place à la tète de ce groupe de maîtres
qui a fait de l'école française du paysage du xixᵉ siècle la rivale
de l'école néerlandaise du xviiᵉ siècle et de l'école anglaise du
xviiiᵉ siècle. Les générations nouvelles auront quelque peine à
combler les vides que laissent, en disparaissant tour à tour, ces
initiateurs si brillamment doués. Il se peut qu'ils aient parfois
cédé aux séductions de la production facile, qu'ils aient fait du
métier, travaillé pour la vente, gaspillé leur talent en des œuvres
médiocres, indignes de leur renommée ; mais, natures vigou-
reusement trempées, ils avaient des retours sur eux-mèmes et des
réveils de conscience qui leur donnaient de solides et superbes
revanches. S'ils se sont répétés pour complaire au public, ils
n'en ont pas moins dit ce qu'ils avaient à dire, et de telle façon
qu'il est impossible de le redire après eux, fût-ce même autrement. Diaz eut de ces retours et de ces réveils, et assez puissants
pour laisser, au milieu d'une production surabondante, un
nombre de chefs-d'œuvre qui lui assurent l'immortalité. Il fut
par excellence le peintre des dessous de bois ensoleillés, et si la
forèt, après avoir inspiré tant d'artistes, fait hésiter aujourd'hui
et reculer le paysagiste, la faute en est pour une grande part à
Diaz, un ces maîtres contemporains qui en ont fait leur chose,
y ont mis leur griffe et en ont fouillé les mystères de telle sorte
qu'elle n'a plus de secrets à raconter. Notre intention n'est pas
de nous livrer en ce moment à une étude approfondie sur la vie

et l'œuvre de Diaz. Déjà notre collaborateur, M. Jules Claretie, en quelques pages que les lecteurs de *l'Art* n'ont pas oubliées, a caractérisé l'homme et le peintre, — l'homme non moins sympathique que l'artiste, âme généreuse, expansive, esprit plein d'humour et d'originalité, nature droite, franche et gaie, — le peintre un des magiciens de la couleur. *L'Art* ne manquera pas de rendre hommage au maître qui s'en va; nous reprendrons l'analyse de son œuvre, en réunissant quelques-unes de ses plus remarquables productions. Pour aujourd'hui nous avons voulu seulement exprimer les profonds regrets, les douloureux sentiments qu'une telle mort inspire aux amis du peintre et à tous ceux qui ont le culte de nos gloires artistiques.

Gonzague PRIVAT

L'Art français du 26 novembre 1876.

(Extrait.)

Dans les arts, on est soi-même ou l'on n'est rien, écrivait Stendhal revenant d'Italie, où il avait pu juger de toute la vérité de cet aphorisme; or, s'il est de notre temps un peintre original, un artiste dont la personnalité ait franchi victorieusement les innombrables courants d'art qui ont traversé notre école française, c'est assurément Diaz, l'éblouissant coloriste qui, pendant près d'un demi-siècle, enchanta les regards épris des richesses de la lumière.

Diaz a été un maître de son vivant, son influence a été grande, son succès continuel et mérité. Il eut le dangereux bonheur d'assister à toutes les luttes qu'Eugène Delacroix soutenait contre une formule surannée et d'atteindre l'âge d'homme à l'heure même où l'illustre chef de l'école poétique triomphait avec les *Massacres de Scio*. Dans cette bataille de 1830 où furent brisées de si belles lances, le jeune Diaz arrivait en soldat d'aventure et courait fort le risque de combattre inaperçu. Delacroix, plus âgé de quelques années, comptait dans son passé cette *Barque du Dante* qui avait déjà fait pousser de si pitoyables cris de détresse aux fanatiques de la plastique de David; toute une armée de jeunes têtes indépendantes se groupait autour de l'œuvre du maître, dont la gloire grandissait à chaque défaite officielle, si bien que, le jour où on eut épuisé sur le nom de Delacroix tout ce que la langue contient d'épithètes injurieuses, tout ce que la sottise comporte de banalités, tout ce que la colère comprend d'injustices, ses ennemis ne purent pas même répéter le mot de Pyrrhus, les soldats du temple classique étaient vaincus, leur dernière victoire avait jeté leurs propres dieux aux pieds des autels.

La postérité a fait justice des exagérations et des mépris, les petits-fils ont jugé de la valeur des coups et dressé la liste des conquêtes, en célébrant le héros de cette vaillante épopée. David a reçu dans son Louvre l'œuvre de Géricault et de Delacroix, Racine est remonté sur son piédestal, et les échos de cette scène française qu'il avait faite si grande ont palpité d'émotion au souffle brûlant du drame romantique.

Diaz assista donc comme officier de fortune, espérant fixer l'infidèle du bout de son épée, aux tempêtes de cette seconde renaissance, moins pacifique que la première, où l'on se contentait d'adorer Platon et Phidias, sans vouloir empêcher Primatice et le Rosso d'accommoder l'antique avec le maniérisme italien.

Cette fois la renaissance des lettres et des arts s'opéra en sens inverse. Depuis de longues années, les maîtres de la renaissance étaient dédaignés au profit de l'antiquité; il s'agissait de substituer les Vénitiens aux Grecs, les Flamands aux Romains, Raphaël à Praxitèle. Oui, Raphaël, le divin maître, eut aussi son champion dans ce chaos d'idées et de maximes, tout comme Bellini, Véronèse, Titien et Rubens; cet obscur combattant, qui tenait dans une même horreur Guérin et Delacroix, s'appelait Ingres, et aucun parti ne le voulait reconnaître.

Diaz fut plus heureux. Dès ses débuts, la secte des romantiques l'accepta dans ses rangs. Il y avait tant de places de guerre à prendre, tant de portes à forcer, que chacun pouvait à son gré choisir son rôle.

Tandis que Delacroix, Déveria et quelques autres se glissaient par surprise dans les musées, Diaz se faisait si charmant, si spirituel, que les portes des boudoirs s'entr'ouvraient devant lui. Corrége et Prud'hon lui avaient enseigné l'art de séduire, et jamais élève ne profita mieux de leurs leçons, et cette grâce entraînante, il l'avait relevée de je ne sais quoi de piquant qui le faisait une seconde fois Français, un Français de Watteau, cherchant les rives du Tendre le long des taillis de Fontainebleau.

Et que de jolies aventures dans ce voyage au travers des halliers, que de ravissements pour ces jeunes yeux avides de belle nature et qui, jusque-là, en avaient été réduits aux cascades de Bidauld et aux arbres trop héroïques de Michallon.

La forêt se faisait belle à plaisir en entendant ses cris d'allégresse, elle s'éclairait des plus belles aurores et se vêtissait d'ombres profondes, pour donner plus d'éclat à ses verdoyantes clartés. Au bruit des pas du jeune maître, les dryades accouraient d'un pas léger, courbant à peine les robustes bruyères; les nymphes bocagères s'étendaient mollement aux pieds des frêles bouleaux jouant avec les feuilles d'argent que la brise faisait neiger sur elles, comme Danaé avec l'or de Jupiter; mais l'argent était terne sur leur gorge ivoirine, et le ciel pâlissait auprès de leurs voiles d'azur.

Ah! la robe couleur du temps, la robe des contes de fées, que de fois il l'a chiffonnée autour des hanches cambrées de ses divinités champêtres, le magicien Diaz! Regardez, les voici toutes: Galathée, Diane et Vénus, assises aux pieds des chênes ou baignant leurs pieds roses dans l'eau d'un clair ruisselet ; là-bas dans l'ombre, les hamadryades prenant leurs ébats avec les sylvains que l'amour guette.

Soudain la scène change ; tout ce peuple adorable, qui est l'âme invisible de la forêt, s'est évanoui. Diaz a-t-il donc rêvé ? Ce paysage a-t-il donc disparu aussi ? Non pas, mais la réalité a brutalement fait irruption dans la forêt. Écoutez : le cor résonne, la biche aux abois franchit les taillis et se blottit épeurée derrière une roche géante, les limiers se ruent à sa poursuite, suivis des valets de chasse qui font claquer leurs fouets.

Et ceci est beau encore, et Diaz le peindra comme il peindra cette pauvre paysanne qui chemine le long d'un sentier charmant, sous le poids de son fagot, pour regagner ce pauvre toit que le soleil pare d'un rayon et que la nature a étoilé de mousses.

Comme les maîtres, Diaz a eu trois manières ; une fleur, une beauté souriante, un sous-bois ensolleillé les symboliseraient assez justement. Mais ces trois manières, de quel train il les mène, l'infatigable ! comme il les dépense, le prodigue ! Non pas à la suite l'une de l'autre, mais simultanément. Paysage, femmes et fleurs, ces trois enchantements de la vie, il les évoque du bout de sa brosse enchanteresse, et voilà parfums, sourires, immortalisés.

Cependant le maître ne s'en tient pas là, son génie a l'essor plus large. Il a lu la Bible, comme plus tard il lira l'Orient des livres et l'Orient rêvé des *Mille et une Nuits*. La flamme généreuse qui est comme la sève fécondante de son génie éclaire tout ce qu'il touche d'une lueur particulière. Un beau jour de rêverie, il prend sa palette et compose une *Adoration des Bergers*, et, comme lui, les bergers à genoux adorent la lumière qui rayonne autour de l'enfant Jésus.

Le tableau figure au Salon de 1836, il y figure seul ; tenez pour certain qu'il était accompagné de quelques autres, mais le jury n'avait pas alors le cœur tendre pour les débutants, et *l'Adoration des Bergers* trouva seule grâce devant lui.

.   .   .   .

En cette année 1836, la peinture de genre, telle que nous la comprenons aujourd'hui, n'était pas même à l'état de probabilité ; sauf Roqueplan que l'on dédaigne trop, parce que l'on ne se rend pas compte des temps, et Meissonier qui débutait, l'ensemble était déplorable. Les deux Roehn, quelques autres de même valeur et Pingret, — on le retrouve partout, — tenaient la faveur du public et la tenaient ferme. L'*Adoration des Bergers* de Diaz, qui ne peut être considérée comme tableau religieux, causa donc une sensation d'étonnement bien marquée.

Mais Diaz avait été vu et remarqué déjà au Salon de 1834 ; ses *Environs de Saragosse* l'avaient fait connaître de la jeunesse des ateliers ; il ne lui restait donc plus qu'à suivre sa voie aventureuse.

Ses *Bohémiens* le placèrent enfin au premier rang. Toute sa vie Diaz avait un Orient en tête, un Orient de soie et de lumière, un Orient magique où les merveilles contées au sultan Schariar constituent le même bagage des incidents journaliers. Diaz partit donc un beau matin pour Bagdad. La ville où il débarqua se nommait-elle ainsi ? qu'importe ! c'est à Bagdad que Diaz se rendait, avec l'Itinéraire de M. Galland en poche. Ah ! les belles choses qu'il y vit ! Le commandeur des croyants devint son guide et fit poser devant lui ses belles esclaves nonchalantes sur les satins d'Asie, amenés par les marchands de Mossoul ; il assista à leurs jeux, partagea leurs collations de confitures de roses, et s'égara souvent avec elles sous les mystérieuses charmilles des jardins du sérail, le tout au grand déplaisir du farouche Mesrour.

Il visita les caravansérails et les mosquées, se lia intimement avec les trois kalenders et le prince de la mer, escorta les princesses dans leurs chasses au faucon, s'égara dans les mines de

diamants, de rubis, d'opales et d'émeraudes, et en sema sa palette pour peindre à son retour cet Orient rêvé.

. . . .

A la fin de la semaine dernière, on annonçait que Diaz venait
de mourir à Menton.

Mourir, la mort! Non. Les génies ne meurent pas, mais tôt
ou tard s'envolent d'un grand coup d'aile vers les régions heu-
reuses où les horizons infinis s'irisent d'une éternelle aurore.

Albert WOLFF

Extrait du *Figaro* du 20 novembre 1876.

Diaz était un grand enchanteur ; on ne reste pas silencieux et
recueilli devant son œuvre ; il n'a pas l'âpre et grandiose poésie
de Millet, ni la maîtrise puissante de Rousseau, et cependant il
marche de pair avec les deux plus grands paysagistes de son
époque ; il a pour lui la fantaisie qui déborde et la couleur cha-
toyante qui charme ; Diaz était le peintre de la forêt éclairée par
le soleil qui répand autour de lui la chaleur et la vie. L'art de
Rousseau s'impose par la grandeur ; celui de Millet par la poésie
sauvage ; l'œuvre de Diaz est un enchantement pour les yeux.

Ph. BURTY

Extrait de la *République française* du 25 Novembre 1876.

Diaz est un paysagiste de la plus rare élégance. La forêt de Fontainebleau perd en lui l'artiste qui a eu le sentiment le plus, précis de son charme et de ses coquetteries. Il ne l'a pas vue grande. Il l'a sentie délicieuse. Nul n'a su comme lui quelles fêtes l'été, éclatent dans ses clairières. Nul n'a su si étonnamment rendre l'éclaboussement lumineux des rayons obliques sur le tronc de ses hêtres et de ses bouleaux. Nul encore n'a traduit avec plus de fermeté et d'éclat le velours de ses mousses et l'or bruni de ses frondaisons d'automne. De ces féeries rapides il a dégagé une poésie. C'est ce qui le fait digne d'entrer dans le groupe des maîtres français. Les sous-bois, les fleurs, les lévriers couchés dans l'herbe, les épidermes satinés, les draperies flottant au vent, voilà ce qu'il faut poursuivre de lui et garder dans la mémoire comme on fait d'un couplet de Musset.

Après ces quelque phrases empruntées aux articles si justes d'appréciation de MM. Albert Wolff et Ph. Burty, qu'il nous soit permis de citer encore quelques mots du discours si plein de cœur prononcé par M. Meissonier sur la tombe de Diaz; au milieu des adieux touchants adressés à l'ami, il s'exprimait ainsi sur l'artiste :

Mon cœur est trop plein de tristesse, et je sens que je ne pourrais parler comme je le voudrais de ton exquise palette où tu trouvais tour à tour les tons des plus belles fleurs pour peindre dans la joie les femmes et les enfants, et les tons les plus éclatants et les plus vigoureux pour peindre la forêt, tantôt mystérieuse et toute pleine du silence précédant l'orage, tantôt toute ensoleillée, pleine des mille bruits de la vie cachée sous les feuilles et dans les mousses.

Il nous faut renoncer à reproduire toutes les belles et charmantes choses qui ont été dites ou écrites depuis cette date fatale du 18 novembre 1876, où Diaz expirait à Menton ; mais ses amis et les admirateurs de son talent ont été heureux de constater cette unanimité d'éloges pour l'artiste éminent et si sympathique que les arts viennent de perdre.

FRANCIS PETIT.

Paris. — Typ. Pillet et Dumoulin, rue des Grands-Augustins, 5.